MÁQUINAS SIMPLES

LAS CUÑAS SON MÁQUINAS

DOUGLAS BENDER

Traducción de Milly Blanco

Un libro de Las Raíces Plus de Crabtree

CRABTREE Publishing Company

www.crabtreebooks.com

Apoyos de la escuela a los hogares para cuidadores y maestros

Este libro ayuda a los niños en su desarrollo al permitirles practicar la lectura. Abajo están algunas preguntas guía para ayudar al lector a fortalecer sus habilidades de comprensión. En rojo hay algunas opciones de respuesta.

Antes de leer:

- ¿De qué pienso que tratará este libro?
    - *Pienso que este libro trata sobre cuñas.*
    - *Pienso que este libro se trata sobre las muchas formas en que usamos las cuñas en nuestra vida cotidiana.*
- ¿Qué quiero aprender sobre este tema?
    - *Quiero aprender cómo puedo usar las cuñas.*
    - *Quiero saber porqué las cuñas se llaman máquinas simples.*

Durante la lectura:

- Me pregunto por qué...
    - *Me pregunto por qué un tope de puerta se llama cuña.*
    - *Me pregunto por qué una cuña puede ayudarnos a cortar cosas.*
- ¿Qué he aprendido hasta ahora?
    - *Aprendí que las cuñas pueden ser grandes o pequeñas.*
    - *Aprendí que una hacha es una cuña.*

Después de leer:

- ¿Qué detalles aprendí de este tema?
    - *Aprendí que mis dientes pueden ser cuñas.*
    - *Aprendí que un par de tijeras tiene dos cuñas que cortan cuando se juntan.*
- Lee el libro una vez más y busca las palabras del vocabulario.
    - *Veo la palabra **hacha** en la página 16 y la palabra **manzana** en la página 20. Las demás palabras del vocabulario están en la página 23.*

Esto es una **cuña**.

Polea

Palanca

Tornillo

Es una de las seis **máquinas simples**.

Cuña

Plano Inclinado

Rueda y Eje

Las máquinas simples tienen pocas o ningunas piezas en movimiento.

Las cuñas pueden ayudar a mantener las cosas en su lugar. Las tachuelas son cuñas.

Las cuñas pueden ayudar a cortar cosas. Las tijeras tienen dos cuñas. Cortan cuando se juntan.

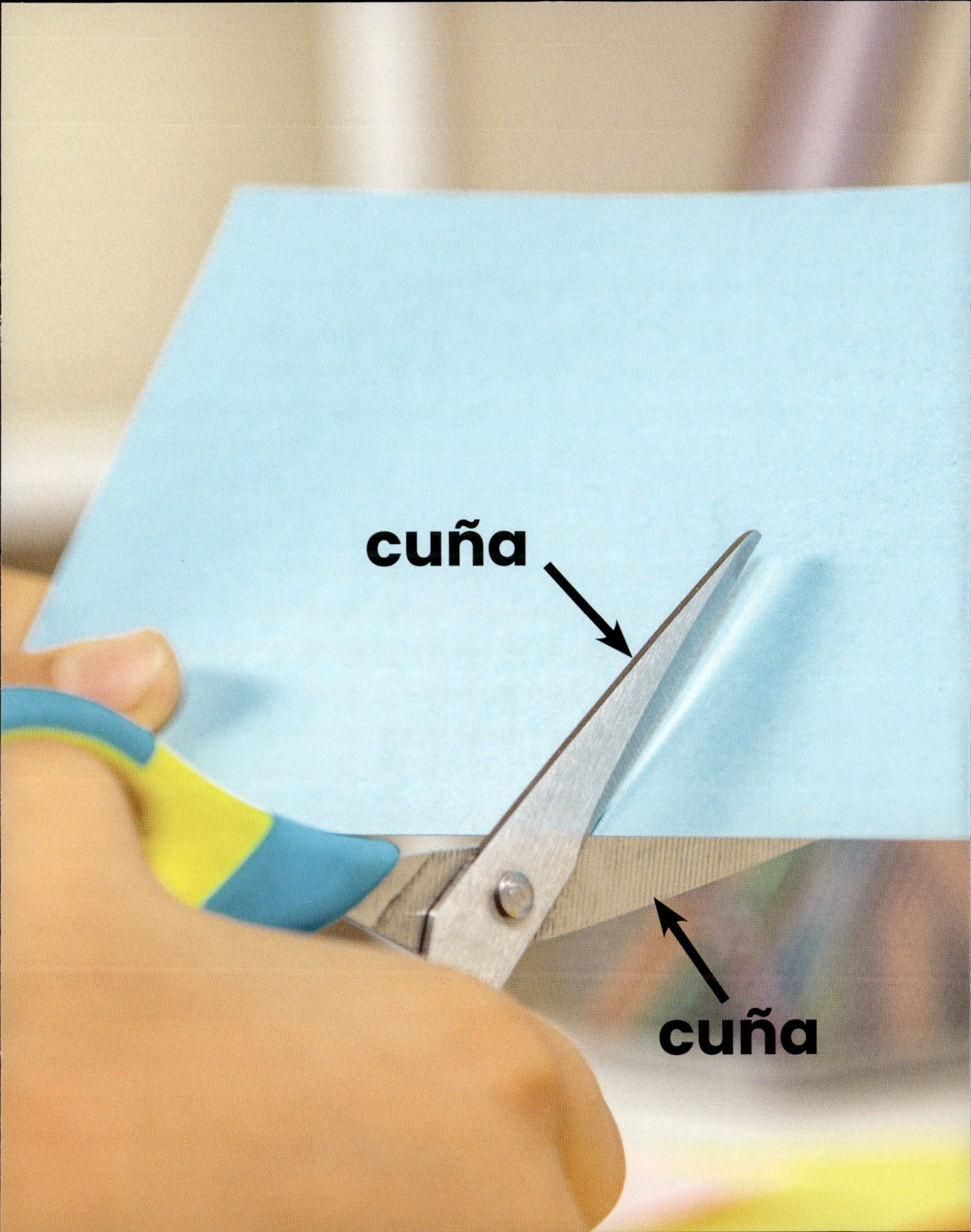
cuña
cuña

Esta máquina tiene una cuña grande. Eso empuja la tierra.

Esta cremallera tiene una pequeña cuña. Se divide en dos la cremallera.

Un **tope de puerta** es una cuña.

Esto mantiene la puerta abierta.

Un **hacha** es una cuña.

Esto puede cortar la madera.

¡Un **diente** puede ser una cuña!

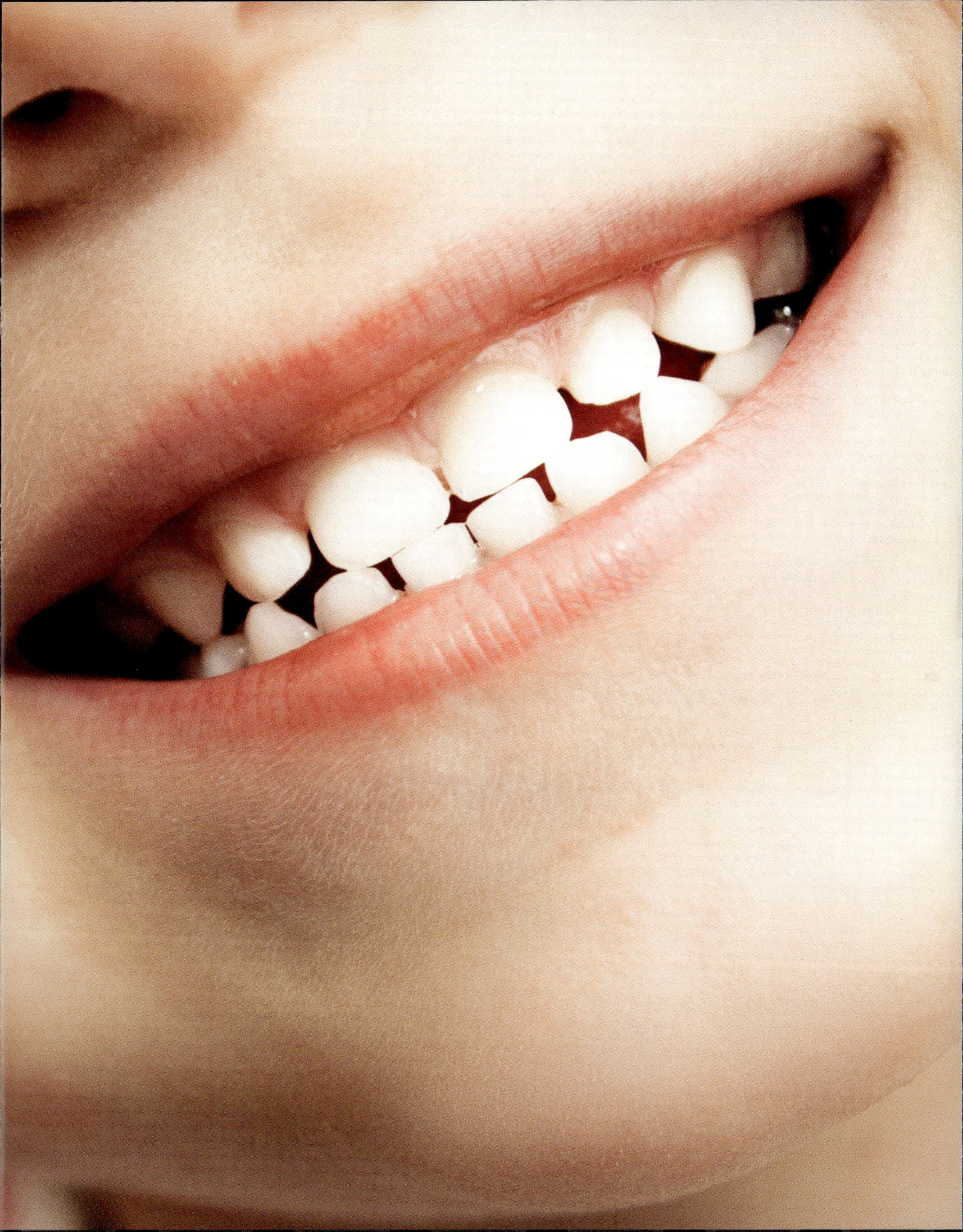

Tus dientes cortan a través de los alimentos.

Cam toma una mordida de una **manzana**.

Lista de palabras

Palabras básicas

a
a través
abierta
alimentos
ayudar
cortan
cosas
en
es
esta
esto
grande
la
lugar
madera
mantener
mantiene
movimiento
ningunas
o
pequeña
piezas
pocas
puede
puerta
ser
son
tienen
tus
un
una

Palabras para conocer

cuña

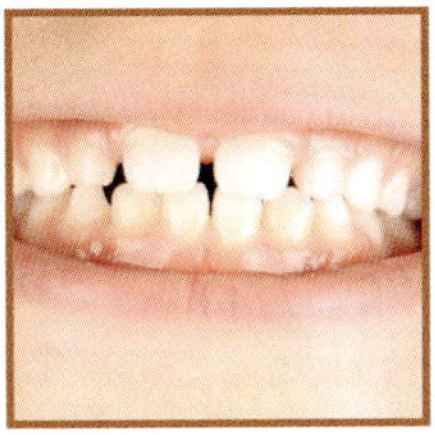

diente

hacha

manzana

máquinas simples

tope de puerta

CRABTREE Publishing Company

MÁQUINAS SIMPLES

LAS CUÑAS SON MÁQUINAS

Written by: Douglas Bender
Translation to Spanish: Milly Blanco
Designed by: Rhea Wallace
Series Development: James Earley
Proofreader: Janine Deschenes
Educational Consultant: Marie Lemke M.Ed.
Photographs:
Shutterstock: Starodubtsev Kostantin: cover, p. 1; alicja neumiler: p. 3, 23; Sathitanont N: p. 7; Veja: p. 9; Smileus: p. 11; Keisuke: p. 13; Karynf: p. 14-15, 23; Noerenberg: p. 16, 23; tramper79: p. 17; Stobabox: p. 19, 23; Africa Studio: p. 21, 23

Library and Archives Canada Cataloguing in Publication

CIP available at Library and Archives Canada

Library of Congress Cataloging-in-Publication Data

CIP available at Library of Congress

Crabtree Publishing Company

www.crabtreebooks.com 1-800-387-7650

 Printed in the U.S.A./072022/CG20220201

 In Canada: We acknowledge the financial support of the Government of Canada through the Canada Book Fund for our publishing activities.

Published in the United States
Crabtree Publishing
347 Fifth Avenue, Suite 1402-145
New York, NY, 10016

Published in Canada
Crabtree Publishing
616 Welland Ave.
St. Catharines, ON, L2M 5V6